2. Auflage

Erstauflage 2006
Illustrationen: Conny Wolf
Texte: Kurt Hörtenhuber
ISBN 978-3-900244-34-7

Verlag OUPS GmbH & Co KG
A-4910 Ried im Innkreis, Austria
Volksfeststraße 16/EG
www.oups.com

OUPS©

Genuss für Leib und Seele

Das Wichtigste zum Glücklich sein:
gib deine Liebe mit hinein.

Rezept für´s Glück

Zu allererst nimm Dankbarkeit,
hab Geduld und lass dir Zeit.

Glück, das ist kein Schnellgericht,
pack ein Lächeln in´s Gesicht.

Nimm nur was dein Herz dir rät,
leb´ deine Kreativität.

Gib Disziplin und Fleiß dazu,
doch gönn dir auch genügend Ruh´.

Misch dazu, was Freude macht:
Spaß, damit die Welt mehr lacht.

Toleranz, die Frieden bringt,
Fröhlichkeit, die dich beschwingt.

Akzeptanz, die viel verzeiht,
eine Portion Großzügigkeit.

Humor, er tut der Seele gut,
dazu ein paar Löffel Mut.

Vertrauen, Hoffnung für mehr Licht.
Ja, all das braucht ein „Glücksgericht".

Doch das Wichtigste zum Glücklich sein:
Rühr deine Liebe mit hinein.

Zum Schluss mit Güte fein garnieren
und einer Brise Charme servieren.

Was von Herzen kommt, verbindet.

Vorwort

Auf dem „Planet des Herzen“ wohnt Oups mit seinen Eltern in einem kleinen, schmucken Häuschen. Oups, der die Menschen von seinem Stern aus beobachtete und schon mehrmals bei ihnen zu Besuch war. So konnte er sehr viel über das Leben auf der Erde erfahren.

Er liebt die Menschen und den wunderschönen Planeten Erde. Nur manchmal ist er ein bisschen verwundert darüber, dass die Menschen ganz anders leben als die Bewohner auf seinem Stern, auf dem das größte Gut die Liebe ist. Streit, Neid und Missgunst kennt man dort oben nicht. Ganz im Gegenteil. Anderen Freude zu machen und einander zum Glück zu verhelfen, ist diesen freundlichen Wesen dort oben ein besonderes Anliegen.
Und wie alle Bewohner dort oben, liebt auch Oups es, gutes Essen zu genießen – mit Dankbarkeit und Wertschätzung …

Viel Freude und Genuss mit diesem Buch wünschen

Conny Wolf und Kurt Hörtenhuber

Genuss für Leib und Seele

„Das war heute wieder besonders köstlich", bedankte sich Oups bei seiner Mutter für das gute Essen, das sie ihm und seinem Vater zubereitet hatte.
„Ja, ein Genuss … und wie immer mit viel Liebe gemacht. Danke, mein Schatz!", schwärmte auch sein Vater.

Sie kochte gerne und liebte es Neues auszuprobieren. Wenn ihre Kochkünste dann, wie an diesem Tag, den Gaumen ihrer liebsten „Gäste" erfreuten, machte es sie besonders stolz.

Am schönsten war für sie jedoch, wenn alle nach dem Essen noch lange am Tisch sitzen blieben, um sich zu unterhalten. Dabei wurde oft viel gelacht. Natürlich kamen manchmal auch Sorgen oder Kummer zur Sprache. Darüber zu reden tat gut, und oft wurde das Problem dadurch immer kleiner oder war am Ende sogar zur Gänze vom Tisch.

„Ja, Oups, manche Probleme lösen sich schon in Luft auf, wenn man nur darüber spricht. Also schluck nie etwas hinunter, das dich bedrückt", riet ihm seine Mutter. „Mit Papa und mir kannst du jederzeit über deinen Kummer sprechen. Und bestimmt auch mit guten Freunden."

„Friss" Kummer nie in dich hinein,
dein Magen wird dir dankbar sein.

„Oups, was hältst du davon, wenn wir Mama wieder einmal wieder so richtig verwöhnen?" fragte ihn sein Vater. „Wir beide könnten ihr gemeinsam am Wochenende ein MerciMenü* kochen."

„Oh ja, das ist eine tolle Idee.", antwortete Oups begeistert und spürte, wie sehr sich seine Mutter über diese Idee freute.

So machten sich die beiden am Wochenende gemeinsam auf den Weg, um noch einige Zutaten für ihr Menü zu besorgen. Das meiste holten sie aus ihrem kleinen Garten, den sie gemeinsam pflegten. Auch für Oups hatten seine Eltern ein kleines Beet angelegt, um das er sich ganz alleine kümmern durfte. Es machte ihm Spaß ein kleiner Gärtner zu sein und dabei den Kreislauf der Natur zu erkunden. Dabei konnte er erkennen, was für gesundes Wachstum wichtig ist.

„Jedes Lebewesen gedeiht am besten, wenn es viel Liebe und Zuneigung erhält. Das gilt auch für Pflanzen", hatte ihm seine Mutter erklärt.

* So heißt das Menü, das man am „Planet des Herzen" für jemanden kocht, der einem ganz besonders am Herzen liegt.

Zuneigung ist Nahrung für das Glück
in unserer Welt.

„Wie hast du eigentlich so gut kochen gelernt", fragte Oups seinen Vater, als die beiden mit karierten Kochschürzen in der Küche standen, um ihr Überraschungsmenü vorzubereiten.

„Jeder kann kochen, wenn er sich dafür Zeit nimmt und sich ein bisschen damit beschäftigt", antwortete der Vater.
„Für den Anfang gibt es gute Bücher, aus denen man viel lernen kann. Doch das Schönste beim Kochen ist, dass man kreativ sein und eigene Ideen ausprobieren kann."

„Und man muss viel Liebe dazugeben, so wie Mama", sagte Oups und zwinkerte seinem Vater zu.

Sein Vater nickte. „Ja, viel Liebe, das stimmt."
„Liebe ist für jedes Rezept die wichtigste aller Zutaten.
Nicht nur für das Essen, sondern für jede Tätigkeit in unserem Leben: Für die Schule, für den Beruf, für all unsere Hobbies, für die Freundschaft und ganz besonders natürlich für eine glückliche Partnerschaft.
Denn ein Leben ohne Liebe ist wie ein schön gedeckter Tisch mit leeren Tellern. Es fehlt das Wesentliche."

Das Leben ohne Liebe ist wie ein schön gedeckter Tisch mit leeren Tellern.

Oups hatte Spaß am Kochen. Doch dabei wurde ihm auch bewusst, wie viel Mühe dahinter steckt, Tag für Tag eine gute Mahlzeit auf den Tisch zu bringen.

„Uns geht es wirklich gut, das ist mir gerade wieder bewusst geworden", sagte er nachdenklich zu seinem Vater.
„Mama kocht jeden Tag für uns. Als ich bei den Menschen auf der Erde war, konnte ich sehen, dass nicht alle Kinder so viel Geborgenheit erleben. Bin ich froh, dass ich euch habe."

„Und wir sind froh, dass wir dich haben", antwortete sein Vater lächelnd. „Weißt du, Oups" „seit du auf der Welt bist, ist mir immer mehr klar geworden, dass mir die Familie viel mehr wert ist als Erfolg und Ansehen. Dir beim Aufwachsen zur Seite stehen zu dürfen, ist eine Freude. Jedes Lachen von dir ist ein Geschenk für uns. Doch auch dich zu trösten ..."

Da wurde Oups ganz still, die Fröhlichkeit in seinem Gesicht war ganz plötzlich verschwunden.

wie Zucker und Salz zum Kochen,
gehören Freude und Trauer zum Leben.

„Bedrückt dich etwas?" fragte ihn sein Vater und legte ihm tröstend den Arm um die Schulter. Oups blieb stumm, sein Blick wirkte sehr nachdenklich.

„Schon gut. Ich bin ja da", sagte sein Vater und drückte ihn ganz fest an sich. „Erzähl mir, was dich so sehr bedrückt."

Mit leiser, trauriger Stimme begann Oups erneut von seinen Erlebnissen bei den Menschen zu erzählen:
„Ach, Papa, ich bin auf der Erde ganz armen Kindern begegnet. Kindern, die so arm sind, dass sie hungern müssen. Erst dachte ich, es sind nur wenige. Doch man hat mir erzählt, dass es auf der Erde mehr Menschen gibt die hungern, als Menschen, die ausreichend zu essen haben.
Und das, obwohl das da unten so ein reicher Planet ist.
Ich versteh das nicht."

Oups wurde immer trauriger, seine Stimme noch leiser.
Er versuchte seine Tränen zu verbergen und es fiel ihm nicht leicht weiter zu erzählen.

Wer das Glück hat in Wohlstand zu leben,
sollte ein bisschen davon weiter geben.

„Die Kinder in manchen Ländern sind oft so schwach, dass sie nicht einmal genügend Kraft zum Spielen haben. Viele müssen sogar verhungern.

In den reichen Ländern soll es wiederum Menschen geben, die so viel essen, dass es sie unglücklich, ja manche sogar krank macht. Was übrig bleibt, wird weggeworfen. Dabei bin ich überzeugt, dass es da unten auf der Erde ausreichend Nahrung für alle Bewohner gibt, so wie bei uns."

Oups schüttelte den Kopf.

„Scheinbar hat die Gier jene mächtigen Menschen, die auf der Erde die Fäden ziehen, herzlos werden lassen.
Sie scheinen kein Interesse an einer gerechten Verteilung der Güter zu haben, sondern nur an Macht und Geld.
Es ist, als könnten sie nie genug kriegen.
Ich würde gerne helfen, doch ich fühle mich so hilflos."

Wenn wir unser Herz mit Liebe füllen,
werden Neid und Habgier
keinen Platz mehr darin finden.

„Ich verstehe, dass dich das traurig stimmt", sagte sein Vater und versuchte ihn zu trösten. „Doch du wirst ihre Welt nicht ändern können. Das können nur die Menschen selbst. Bestimmt wissen viele Menschen in den wohlhabenden Ländern, was falsch läuft. Doch sie scheinen sich damit zu begnügen, jenen die Schuld zu geben, die die Fäden ziehen und begeben sich damit widerstandslos in deren Abhängigkeit. Dabei glaube ich, dass es für die meisten dieser Menschen möglich wäre, ihr Leben selbst in die Hand zu nehmen.

Nur wenn die Menschen ihren freien Willen wahrnehmen und dabei auf ihr Herz hören, kann eine positive Veränderung stattfinden. Jeder Einzelne kann dazu beitragen, die Welt zu verbessern. Das beginnt bei den täglichen Entscheidungen, wie zum Beispiel beim Einkaufen. Es entscheidet jeder für sich was er kauft, wo er kauft, von wem er kauft.

Stell dir immer wieder die Frage, was du wirklich brauchst, um glücklich zu sein", riet ihm sein Vater.

Die Verantwortung für das eigene Leben
trägt jeder selbst.

„Es kommt mir so vor, als würde man auf der Erde so manche Dinge nur kaufen, um anderen zu imponieren, oft einfach aus purer Konsumlust, oder weil andere sie auch haben. Gerade bei Lebensmitteln liegt es an den Menschen selbst, mehr aus dem eigenen Land zu kaufen, vielleicht sogar Frisches aus der Region, statt Lebensmittel, die mit hohem Energieaufwand tausende Kilometer auf den Straßen transportiert werden."

„Du meinst, lieber ein bisschen weniger kaufen, dafür aber frische und gesunde Nahrungsmittel, oder?" fragte Oups.

„Ja, richtig", antwortete sein Vater. „Doch es betrifft nicht nur die Lebensmittel, sondern alle Produkte. Du hast mir doch erzählt, dass manche Firmen ihre Mitarbeiter ausbeuten, einige davon sogar Kinder. Bestimmt gibt es aber auch viele Unternehmen, die ihre Produkte mit Liebe herstellen und ihre Mitarbeiter fair behandeln. Es ist sicher nicht einfach immer die richtige Wahl zu treffen. Doch wenn mehr Menschen bewusst einkaufen, setzen sich vielleicht immer mehr Firmen durch, die im Einklang mit Mensch und Natur produzieren."

Wahrer Genuss
verlangt nicht nach Überfluss.

Oups war so in das Gespräch vertieft, dass er den feinen Duft, der sich in der Küche verbreitete, erst wahrnahm, als das Essen fast fertig war. „Mmmhh...", sagte er, nachdem er genüsslich einen Löffel voll probierte. „Köstlich! Mama wird sich freuen!"

„Ja, ganz bestimmt", lachte sein Vater.

Oups hatte den Tisch liebevoll gedeckt, zündete zwei Kerzen an und stellte sie neben die Blumen, die er am Morgen auf der Wiese neben ihrem Haus gepflückt hatte.

Kurz bevor die beiden das Essen servierten, flüsterte ihm sein Vater noch ins Ohr: „Vergiss dein Lächeln nicht. Wäre doch schade, wenn Mama deine Liebe heute nur im Essen finden würde. So hart es klingen mag, den armen Menschen auf der Erde hilft dein trauriges Gesicht nicht. Ich glaube, Mitleid allein bewirkt leider nur eines: dass man mit den anderen leidet.
Das Leid wird damit nur verstärkt.
Vielleicht finden wir einen Weg, ihnen zu helfen. Im Moment können wir nur darum bitten, dass ihnen Licht und Liebe zukommen mögen."

Mit jedem kleinen Gebet senden
wir einen Lichtstrahl in die Welt.

„Du hast Recht", sagte Oups, der nach wie vor die Armut der Kinder vor Augen hatte. Doch als er das strahlende Gesicht seiner Mutter sah, kehrte sein fröhliches Lächeln zurück.

„Mmmhh… das sieht ja toll aus", lobte sie ihre zwei Köche „...und der wunderschön gedeckte Tisch!"

„Den hat Oups ganz alleine gedeckt", verriet sein Vater, was Oups ein bisschen verlegen und zugleich aber auch stolz machte. Alle waren begeistert, ganz besonders seine Mutter, denn es schmeckte ausgezeichnet.

„Nun, da ihr so gute Köche seid, dürft ihr ab heute immer kochen", sagte sie und zwinkerte den beiden zu.

„Mama, du kannst das viel besser als wir", antwortete Oups erschrocken, worauf seine Eltern herzhaft lachen mussten.

Wieder blieben sie lange gemütlich am Tisch sitzen, bis Oups so müde wurde, dass er sich nach dem Bett sehnte. Mit einem Gute-Nacht-Kuss verabschiedete er sich bei seinen Eltern.

„Vielen Dank, mein Kleiner", lächelte seine Mutter. „Das war heute ein Genuss für Leib und Seele."

Genuss für Leib und Seele ist,
was man mit Gemütlichkeit genießt.

Rezept für eine glückliche Partnerschaft:

Es ist schön Freunde zum Essen einzuladen, bei Freunden eingeladen zu sein oder mit ihnen auszugehen. Doch für das Glück in der Partnerschaft ist es besonders wichtig sich Zeit für einander zu nehmen. Vor allem, wenn man Kinder hat, die viel Liebe und Zeit in Anspruch nehmen, tut es gut, sich ab und zu nur zu zweit verwöhnen zu lassen.

Die Zutaten: Ein nettes Restaurant und euer Herz.

Man nehme ein schönes Restaurant, in dem mit Liebe gekocht und serviert wird, ein Lokal mit „Wohlfühl-Atmosphäre".
Man genieße es, sich von freundlichen Menschen bedienen zu lassen. Man lasse sein Herz sprechen und sein Herz zuhören.
Es kann die Liebe stärken und helfen, sich wieder näher zu kommen, sich einander aufs Neue zu entdecken.
Denn in Ruhe miteinander zu reden hilft, Verständnis für die Sorgen und Sehnsüchte des anderen aufzubringen.
Es läßt so manche Beziehung, in der sich die Gewohnheit des Alltags breit gemacht hat, wieder neu aufblühen.
So wird ein „Dinner for two" nicht nur zur Gaumenfreude, sondern zum Genuss für eure Herzen.

Sich öfters zu zweit verwöhnen
zu lassen, hält die Liebe frisch.

Zurück auf der Erde …

Jahre später war Oups wieder einmal zu Besuch bei den Menschen. Wie immer freute er sich darauf seine Freunde und liebe Bekannte zu sehen.

Als er zur Mittagszeit um eine Ecke bog, traf er Werner, den er von seinem letzten Besuch kannte.

„Hallo, Werner, wie geht es dir?" begrüßte er ihn herzlich.

„Oups!?", rief Werner überrascht. „Du bist wieder da. Das freut micht! Was machst du gerade? Hast du Zeit, dann könnten wir beide schnell Essen gehen?

„Ja, ich habe Zeit, deshalb brauchen wir nicht ´schnell´ essen zu gehen", antworte Oups schmunzelnd.

„Ich weiß, du magst das Wort ´schnell´ nicht so gerne, vor allem beim Essen. Hab´s ja nur so gesagt."

Wahre Freundschaft reift langsam,
wie die Trauben für guten Wein.

Werner lud Oups zum Essen in ein hübsches Restaurant ein. Die Auswahl auf der Menükarte war so reichhaltig, dass der Genuss für Oups schon beim Aussuchen der Speisen begann. „Klingt alles sehr verlockend", schwelgte er.

„Ja, die Küche hier ist sehr fantasievoll", stimmte Werner zu.

Während sie auf das Essen warteten, erzählten sich die beiden, was sie alles so in jüngster Zeit erlebt hatten. Nach einem Weilchen fing Werner an über seinen Ärger in der Firma zu erzählen.

„Genießen wir doch erstmal die schöne Atmosphäre und freuen uns auf unsere Mahlzeit. Ärger beim Essen verdirbt nämlich nicht nur den Appetit sondern auch den Magen. Wir können über deinen Kummer ja gerne nach dem Essen sprechen", sagte Oups und versuchte Werner mit seinem Lächeln wieder fröhlich zu stimmen.

„Du hast Recht. Die Sache ist es ohnehin nicht wert sich darüber zu ärgern. Und schon gar nicht hier in diesem netten Lokal", antwortete Werner.

Das Leben hält eine Vielzahl
von Möglichkeiten für uns bereit,
wenn wir uns dafür öffnen.

Nach einem Weilchen schien Werner jedoch etwas ungeduldig zu werden. „Wie lange dauert denn das noch?" fragte er ärgerlich und blickte Richtung Küche.

„Hast du es eilig?", wollte Oups wissen.

„Nein, aber die zwei Gerichte können doch nicht ewig dauern."

„Wir wissen ja nicht, wie viel das Personal in der Küche zu tun hat. Doch bestimmt mehr, als nur für uns zu kochen", versuchte Oups Werner etwas zu beschwichtigen und ließ dabei seinen Blick durch das Lokal schweifen, um anzudeuten, dass eine ganze Menge Gäste auf ihre Bestellung warteten. „Frisch zubereitete Speisen dauern meist etwas länger und hier wird sicher mit viel Liebe gekocht", sagte Oups. „Für schnelles Essen gibt es bei euch ja andere Lokale, wo das fertige Gericht direkt aus der Tiefkühltruhe auf den Tisch kommt."

„Eigentlich hast du Recht", antwortete Werner verständnisvoll. Es fiel ihm jetzt sichtlich leichter, geduldig auf das Essen zu warten.

Um Außergewöhnliches zu schaffen,
braucht man viel Herz und Geduld.

Schon bald darauf wurden ihnen die Speisen von einer charmanten Kellnerin serviert.

„Eine richtige Augenweide. Das Warten hat sich wirklich gelohnt", freute sich Werner über den fantasievoll garnierten Teller und bedankte sich lächelnd bei der netten Kellnerin.

„Guten Appetit."

„Danke, ebenfalls", antwortete Oups, legte seine Hände um den Teller, um sich wie immer still für seine Mahlzeit zu bedanken.

„Schmeckt´s?", fragte Werner. Sein Teller war bereits halb leer, als Oups mit dem Essen gerade erst begonnen hatte.

„Mmmhhh… ein Genuss … ", schwärmte er.

Stück für Stück ließ Oups in seinem Mund zergehen, ganz langsam, so wie er es gewöhnt war.

Das Leben zu genießen,
heißt sich Zeit dafür zu nehmen.

„Du scheinst es doch eilig zu haben", schmunzelte Oups, denn Werners Teller war bereits leer, und auch das Glas Wein hatte er mit wenigen Schlucken ausgetrunken.

„Ich esse immer langsam. Denn nur so kann ich es so richtig genießen. Außerdem ist es besser für meine Verdauung."

„Ich habe ja auch viel früher angefangen, während du noch gebetet hast", rechtfertigte sich Werner. „Bei meiner Oma, da war es auch Brauch vor dem Essen zu beten."

Oups verzehrte langsam und genussvoll den Bissen, den er im Mund hatte, bevor er antwortete: „Ich habe mich bei Gott bedankt. Nicht, weil es Brauch ist, sondern weil es mir ein Bedürfnis ist, mich zu bedanken, dass ich all diese wunderbaren Sachen hier genießen darf. Nicht jeder hat das Glück, wie wir beide, in einem friedvollen Land zu sein und nach Herzenslust aus einem reichhaltigen Angebot wählen zu können, was ihm gerade beliebt.

Dankbarkeit ist eine der wichtigsten Zutaten für ein erfülltes Leben.

Für mich sind es viele kleine Wunder, die passieren, bis dieser Teller serviert werden kann. Allein der Salat. In meinem eigenen Garten habe ich erkannt, dass jedes Pflänzchen für sich ein Wunder der Natur ist – ein Geschöpf Gottes. Jedes einzelne Samenkorn ist ein kleines Wunder. Damit wir uns diesen Salat schmecken lassen können, müssen erst Samenkörner gesät werden. Dann braucht es Geduld und drei weitere Wunder, um daraus Pflänzchen wachsen zu lassen: Sonne, Wasser und Luft. Und so wie wir Menschen brauchen auch Pflanzen liebevolle Zuwendung, damit sie sich richtig entfalten können", sagte Oups und genoss sein Essen dann bis zum letzten Bissen.

Inzwischen wurde die Nachspeise serviert, deren Anblick wiederum ein Genuss war.

„Ein kulinarisches Kunstwerk", schwärmte Werner.

Auch Oups war begeistert. „Mmmhh … Früchte mit Honig, das liebe ich.

Alles Leben dieser Welt
wächst durch Wunder,
nicht durch Geld.

Weißt du, wie viele Pflanzen dafür blühen, wie viele Bienen dafür arbeiten und wie viele Menschenhände mitwirken, bis so ein kleiner Löffel Honig entsteht? Jede einzelne Zutat ist es wert, danke zu sagen, so wie all den Menschen hier im Haus, die sich viel Mühe geben, um ihre Gäste zu erfreuen."

Werner hörte fasziniert zu. Er hatte sich eigentlich noch nie Gedanken darüber gemacht, wie viel Energie und Arbeit notwendig ist, bis man ein gutes Essen genießen kann.

Da fiel ihm ein, dass er als Kind für einige Zeit bei einer Familie auf einem kleinen Bauernhof gewohnt hatte, wo er miterleben konnte, wie mühsam es ist eine Landwirtschaft zu führen, um die Grundnahrungsmittel zu gewinnen.

„Wir können wirklich dankbar sein, dass es uns so gut geht", sagte er, während er sich genussvoll über das zweite Glas Rotwein beugte, das ihm gerade serviert wurde, um das feine Aroma zu riechen.

Mit allen Sinnen zu genießen,
steigert das Wohlbefinden von Körper,
Geist und Seele.

Dann hielt er das Glas gegen das Licht und bewunderte die kräftige Farbe des Weines, die vor seinen Augen so richtig zu leuchten begann.
„Wundervoll!“, schwärmte Werner nach dem ersten Schluck und schenkte der netten Kellnerin ein charmantes Lächeln.

„Was meinst du, Oups? Wie viel Liebe und Wunder stecken wohl in diesem edlen Tröpfchen?“

„Viele … ganz, ganz viele! Sonne, Wasser, Luft und die Arbeit vieler fleißiger Menschen. Vom Beschneiden der Reben bis zur Ernte der Trauben, vom Abfüllen bis zur Reife in den Fässern ist es ein langer mühseliger Weg.“

„Ja, es braucht viel Zeit, bis ein gutes Tröpfchen reift“, meinte Werner und schwenkte sein Glas im Kreis, um den Wein etwas zu lüften. Dann trank er genussvoll in kleinen Schlucken.
So genussvoll, dass er die Sonne und all die anderen Wunder schmecken konnte … vor allem die Liebe der Winzer, die in jedem edlen Tröpfchen Wein steckt.

Jedes gute Tröpfchen Wein
reift durch Liebe und viel Sonnenschein.

„Ich werde in Zukunft wieder etwas mehr darauf achten, für all die guten Dinge, die auf den Tisch kommen, dankbar zu sein und sie bewusst genießen", meinte Werner und fragte: „Oups, was esst ihr da oben auf eurem Stern gerne? Gibt es etwas, auf das ihr bei eurer Ernährung besonders achtet?"

„Nun, wir achten darauf, dass in allem, was wir essen möglichst viel Lebensenergie enthalten ist. Das ist dann der Fall, wenn die Lebensmittel möglichst frisch und weitgehend unverarbeitet sind. Außerdem versucht jeder von uns, für sich selbst zu erspüren, welche Nahrung seinem Körper gut tut und welche weniger.

„Ihr könnt das spüren? Meinst du, dass ich das auch kann?" fragte Werner interessiert.

„Natürlich kannst auch du spüren, was dir gut tut. Genauso wie nur du spüren kannst, wie viel Nahrung dein Körper braucht oder besser gesagt wie wenig er braucht, um sich wohl zu fühlen. Dennoch es ist sehr wertvoll, sich auch ein bisschen näher mit dem Thema Ernährung zu beschäftigen."

Nicht alles ist gesund, was uns verführt.
Gut tut, was man selbst erspürt.

„Ja, das habe ich mir schon vorgenommen. Es gibt bei uns nämlich eine Menge guter Bücher, Vorträge und Seminare", sagte Werner, „und sogar ausgebildete Ernährungsberater."

„Das hört sich interessant an. Sinnvoll ist jedoch, dass du dich jemandem anvertraust, der auf deine persönlichen Bedürfnisse eingehen kann. Viele Menschen hier auf der Erde machen ständig irgendwelche Diäten oder lassen sich von den Versprechungen der Lebensmittelindustrie beeinflussen.
Wie gesagt: Versuch zu spüren, was stimmig für dich ist. Denn was gut für den einen ist, kann für dich völlig verkehrt sein.

Noch ein kleiner Tipp von mir zum Abschied: Iss nur so viel, wie dein Körper wirklich braucht und versuch ausreichend reines Wasser zu trinken. Schon am Morgen – ein Glas warmes Wasser nach dem Aufstehen hilft deinem Körper in Schwung zu kommen", sagte Oups.

Vertrau nicht jeder Trend-Diät.
Iss weniger, doch Qualität.

„Wichtig ist aber nicht nur, was man isst, sondern vor allem wie man isst. Genieße dein Essen langsam. Kau jeden Bissen ruhig und sorgfältig, dann kann dein Magen die Speisen leichter verdauen. So merkst du auch rechtzeitig, wenn du satt bist und fühlst dich danach nicht so voll.
Dass man Ärger beim Essen vermeiden sollte, darüber haben wir ja schon geredet. Deshalb vermeide es eine Zeitung zu lesen, während du eine Mahlzeit zu dir nimmst. Vor allem Zeitungen, in denen vorwiegend negative Sachen geschrieben stehen.
Und lass, wenn möglich dein Handy beim Essen ausgeschaltet.
Aber warum erzähl ich dir das alles?", fragte Oups und erinnerte seinen Freund: „Du spürst doch selbst am besten, wann das Essen zum Genuss für Leib und Seele wird und wann nicht", .

Gemütlich blieben sie noch ein Weilchen bei ihrem Gläschen Wein sitzen und plauderten über ihre Lieblingsspeisen.
Danach verabschiedeten sich die beiden mit dem Wunsch, sich bald wieder zu treffen, um aufs Neue ein paar genussvolle Stunden miteinander zu verbringen …

Genuss ist, wenn der Gaumen sich erfreut
und der Magen nichts bereut.

Genuss ist…

… wenn deine Nase dich verführt,
weil zarter Duft sie sanft berührt.

… wenn dein Blick ist fasziniert,
von Speisen, zauberhaft garniert.

… wenn dein Gaumen sich erfreut
und der Magen nichts bereut.

… wenn dein Herz vor Freude lacht,
weil es so liebevoll gemacht.

Genuss ist…

… wenn deine Nase dich verführt,
weil zarter Duft sie sanft berührt.

… wenn dein Blick ist fasziniert,
von Speisen, zauberhaft garniert.

… wenn dein Gaumen sich erfreut
und der Magen nichts bereut.

… wenn dein Herz vor Freude lacht,
weil es so liebevoll gemacht.

Genuss ist, wenn der Gaumen sich erfreut
und der Magen nichts bereut.

Glücklich ist, wer mit Herz genießt.

ILLUSTRATIONEN

Conny Wolf

„Lebensmittel" sind der „Treibstoff" für unseren Körper.
Unsere Ernährung hat direkten Einfluß auf unsere Gesundheit und auf unser körperliches und seelisches Wohlbefinden.
Deshalb finde ich es gerade heute so wichtig, ihr wieder mehr Aufmerksamkeit und Zeit zu widmen.
Ich hoffe, der „Genuss" dieses Büchleins kann einen kleinen Beitrag dazu leisten und wünsche Ihnen viel Freude beim Lesen.

TEXTE / SPRÜCHE

Kurt Hörtenhuber

Ein wahrer Genießer ist, wer nicht nur mit seinen Sinnen genießt, sondern auch mit dem Herzen.
In diesem Sinne wünsche ich Ihnen viel Freude und Genuss mit Oups und seinen kleinen Botschaften.

Viele weitere Bücher, die ein Lächeln auf die Lippen zaubern …

Kennen Sie die herzerwärmende Buchserie „Oups"
Österr. Bestseller, ausgezeichnet mit dem Platin Buch
Übersetzt in 18 Sprachen

Mehr von den Clowns finden Sie
auf der Verlagswebsite: www.oups.com

NEU:
„Oups, wer bist denn du?"
das erste Oups-Buch für Kinder

Das gesamte Verlags-Programm mit
Lese- und Hörproben finden Sie unter:
www.oups.com